AF369540

24 mai 1901

VENTE

Après décès de Mme la Comtesse de C...

HOTEL DROUOT, SALLE N° 1

Le Vendredi 24 Mai 1901, à 2 heures.

MOBILIER ANCIEN

ET

OBJETS D'ART

PROVENANT DU

Château de la Norville

COMMISSAIRES-PRISEURS

Me P. CHEVALLIER | Me LUCIEN VERON

EXPERT

M. B. LASQUIN

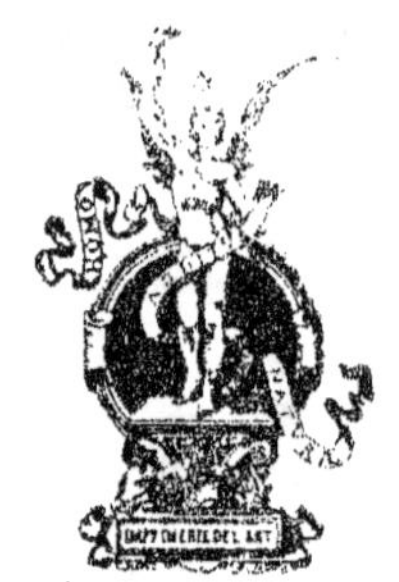

CATALOGUE

DU

MOBILIER ANCIEN

ET DES

OBJETS D'ART

Provenant du Château de La Norville

BRONZES D'AMEUBLEMENT, PORCELAINES

MEUBLES DE SALONS ET NOMBREUX SIÈGES
DES ÉPOQUES LOUIS XIV, LOUIS XV, LOUIS XVI ET EMPIRE

Meubles en marqueterie et en bois doré
DES XVIIe ET XVIIIe SIÈCLES

IMPORTANT BUREAU DE L'ÉPOQUE LOUIS XVI
En marqueterie orné de bronzes

TABLEAU par le Chevalier SIXC
AVEC BEAU CADRE SCULPTÉ

OBJETS DIVERS

Le tout dépendant de la Succession de Madame la Comtesse de C...

ET DONT LA VENTE AURA LIEU, PAR SUITE DE SON DÉCÈS

HOTEL DROUOT, SALLE N° 1

Le Vendredi 24 Mai 1901

à deux heures

COMMISSAIRES-PRISEURS

Me PAUL CHEVALLIER	Me LUCIEN VÉRON
10, rue Grange-Batelière	7, rue du Quatre-Septembre

EXPERT

M. B. LASQUIN, 12. rue Laffitte

EXPOSITIONS

PARTICULIÈRE : *Le Mercredi 22 Mai 1901. .* }
PUBLIQUE : *Le Jeudi 23 Mai 1901 . . . . .* } *de 1 h. 1/2 à 5 h.1/2.*

N. B. — Le présent Catalogue servira de Carte d'Entrée à l'Exposition particulière.

CONDITIONS DE LA VENTE

Elle sera faite au comptant.

Les acquéreurs paieront *dix pour cent* en sus des prix d'adjudications.

L'exposition mettant le public à même de se rendre compte de l'état des objets, il ne sera admis aucune réclamation l'adjudication prononcée.

Paris. — Imp. de l'Art, E. Moreau et Cⁱᵉ, 41, rue de la Victoire.

DÉSIGNATION

PORCELAINES, OBJETS DIVERS

1 — Deux vases en porcelaine de Canton, forme
balustre carrée, décor à mandarins en couleurs, montures en bronze.

2 — Potiche couverte en vieux Chine, de la dynastie
des Ming, décorée de quatre compartiments de
fleurs et d'une bande d'arabesques en émaux
de couleurs. Monture en bronze doré, style
Louis XVI.

3 — Deux cornets en vieux Japon, décorés en bleu
avec réserves en couleurs et parties laquées,
socles et gorges en bronze.

4 — Coffret rectangulaire, en maroquin rouge doré
aux fers, avec tours couronnées et fleurs de lis.
Sur un côté se lit l'inscription : Papiers de la
terre de Mézières. xviiie siècle.

5 — Deux petits médaillons ovales, tête d'enfants
en terre cuite du XVIII° siècle, cadres en bois
doré.

BRONZES D'AMEUBLEMENT

6 — Deux girandoles Empire à trois lumières, en
cuivre.

7 — Petite pendule Louis XVI en marbre et bronze,
le cadran placé entre deux pyramides.

8 — Pendule Louis XV, peinte en vert, garnie de
bronze doré à feuillages et surmontée d'un
amour.

9 — Lanterne de vestibule, de l'époque Louis XVI,
de forme ronde, en bronze doré à rangs de
perles.

10 — Cartel, de l'époque Louis XVI, en bronze doré,
modèle à mufle et peau de lion, et surmonté
d'un vase. Mouvement au nom de *Bocquet* à
Paris.

11 — Deux bras-appliques Régence à trois lumières, en bronze doré, à mascaron, coquille et
entrelacs.

12 — Grande pendule, de style Louis XVI, en bronze
doré, représentant une figure allégorique de
l'Étude assise. La base, ornée d'une frise
d'enroulements dits postes. Cadran au nom de
Baillon à Paris.

13 — Deux flambeaux, de l'époque Louis XVI, à tige
cannelée, en bronze doré.

14 — Paire de grands chenets, de l'époque Louis XVI,
en bronze ciselé et doré, modèle à vases ovoïdes
sur fûts cannelés ornés de guirlandes, avec
galerie supportant deux autres petits vases.

Haut., 52 cent.: larg., 52 cent.

MEUBLES EMPIRE

15 — Six fauteuils Empire, en acajou, avec montants
à cols de cygnes.

16 — Cinq chaises Empire, en acajou avec dossiers
ornés d'une lyre ajourée.

17 — Deux fauteuils Empire en acajou, à bras ornés
de têtes de lions.

18 — Une bergère et six fauteuils Empire, en acajou sculpté, les bras terminés par des dau-
phins.

19 — Trois chaises gondoles Empire, en acajou
sculpté, à têtes de béliers.

20 — Guéridon Empire, en acajou, à trois colonnettes et dessus de marbre.

21 — Chiffonnier Empire à six tiroirs, en acajou,
montants à têtes de sphinx égyptiens et griffes
de lions.

22 — Petite bibliothèque à hauteur d'appui, en
acajou du temps de l'Empire, ouvrant à trois
portes vitrées ornées de bronzes. Dessus de
marbre

23 — Petite table à ouvrage Empire, en acajou, à
pieds carrés, reposant sur un soubassement.
Dessus de marbre.

24 — Grand fauteuil, avec dossier à têtières, en
bois d'acajou sculpté et marqueté de l'époque
de la Restauration ; garniture de maroquin
rouge.

25 — Lit empire, en acajou, orné de tiges de pavots
et de deux têtes de chiens, en bronze ciselé et
doré.

SIÈGES DES XVIIᶜ ET XVIIIᵉ SIÈCLES

26 — Six fauteuils Louis XVI, à dossiers arrondis.

27 — Quatre fauteuils Louis XV, à contours en bois naturel et cretonne.

28 — Un fauteuil et une chaise Louis XVI, à dossier ovale.

29 — Deux fauteuils Louis XVI, à dossier ovale, bras contournés et pieds fuselés.

30 — Large fauteuil Louis XV, à contours, en bois laqué.

31 — Une bergère, deux fauteuils et une chaise Louis XV, garnis de reps rouge.

32 — Quatre fauteuils et une chaise large, de l'époque Louis XV, en bois sculpté et noirci, garnis de velours frappé grenat.

33 — Deux fauteuils Louis XIV, en bois sculpté, garnis de cuir rouge (un restauré).

34 — Deux chaises, de l'époque Louis XV, de forme élégante, à nervures et garnies de canne dorée.

35 — Bergère Louis XVI, à dossier arrondi, en bois
sculpté, garnie de reps.

36 — Quatre fauteuils et cinq chaises Louis XVI,
en bois peint blanc et bleu, à dossiers carrés,
garnis de cretonne.

37 — Deux fauteuils et deux chaises de l'époque
Louis XV, en bois sculpté à fleurs, avec dossiers
à frontons, peints en gris à deux tons et garnis
de cretonne.

38 — Canapé, de l'époque Louis XV, en bois sculpté
et doré à fleurs, avec dossier à rampe contournée.

39 — Neuf fauteuils, de l'époque Louis XVI, à dossier arrondi, garnis de cretonne rouge.

40 — Deux chaises, de l'époque Louis XV, en
bois sculpté, à nervures contournées, garnies de
cretonne.

41 — Tabouret X, en bois sculpté, dessus en broderie de soie.

42 — Bel ameublement de salon, de l'époque Louis
XVI, en bois sculpté et doré, les pieds fuselés
et cannelés, les bras à feuilles d'achante, le dossier carré, à ressaut arrondi, entouré d'un ru-
ban, garniture en cretonne, fond rouge.

Il est composé d'un grand canapé, deux bre-
gères, neuf fauteuils grand modèle.

Ces meubles portent l'estampille de *P. Ber-
nard.*

43 — Quatre tabourets rectangulaires, de l'époque
Louis XVI, en bois sculpté et doré, à rosaces et
rangs de perles, garni de cretonne.

44 — Bel ameublement, de l'époque Louis XIV, en
bois sculpté à coquilles, feuillages et ornements,
les pieds terminés par des volutes, garniture en
velours marron et bandes de reps imitant la tapisserie.

Il est composé d'un canapé avec accotoirs à
jours et de sept fauteuils grand modèle à dossier
carré garni.

45 — Canapé, de l'époque Louis XV, en bois sculpté
à fleurs et nervures contournées, garni de velours marron avec bandes en reps imitant la
tapisserie.

MEUBLES DIVERS

46 — Baromètre-thermomètre, en bois sculpté et doré,
de l'époque Louis XV ; le bas composé d'un
motif à coquille, feuillages et rocailles, le haut à
branches de lauriers est surmonté d'un vase
cassolette.

47 — Bel écran, de l'époque Louis XVI, en bois richement sculpté et doré, à feuilles d'acanthe, piastres et rubans, avec feuille ovale en broderie de soie à bouquets de fleurs.

Haut., 99 cent.; larg., 64 cent.

48-49 — Deux grandes tables consoles, de l'époque Louis XVI, en bois sculpté et doré, de forme arrondie, à ceinture ajourée, formée de rinceaux et guirlandes de fleurs. Elles sont à quatre pieds fuselés et cannelés avec entrejambe supportant un vase auquel se rattachent quatre guirlandes. Dessus de marbre.

Long., 1 m. 58 cent.; larg., 67 cent.
Long., 1 m. 59 cent.; larg., 67 cent.

50 — Encoignure Louis XV, ouvrant à deux portes, en bois sculpté et peint en blanc.

51 — Table de nuit Louis XV, en bois de placage. Dessus de marbre.

52 — Deux jardinières rondes Empire, en acajou, à trois colonnettes et garnies de bronzes.

53 — Lit Louis XVI, en bois sculpté peint en blanc, avec son baldaquin de forme ovale aussi en bois sculpté.

54 — Table console, de l'époque Louis XIV, en bois sculpté et peint en gris à deux tons, à motif

ajouré, entrelacs et large coquille sur la ceinture,
quatre pieds contournés reliés par une entrejambe. Dessus de marbre mosaïque.

Long., 1 m. 38 cent.; larg., 71 cent.

55 — Petite console, de l'époque Louis XV, à deux
pieds à têtes de dragons et motifs rocailles sur
la ceinture en bois sculpté peint en blanc à deux
tons. Dessus de marbre.

56 — Petite commode Louis XV, à trois rangs de
tiroirs, en bois de placage, garnie de bronzes.
Dessus de marbre.

57 — Petit secrétaire Louis XVI, en acajou, à montants cannelés et dessus de marbre blanc.

58 — Chiffonnier Louis XVI, à trois tiroirs, en acajou, à montants cannelés, poignées, galerie et
monture de cuivre. Dessus de marbre blanc.

59 — Toilette Louis XVI, en acajou, avec glace à
l'intérieur.

60 — Toilette Louis XVI, en acajou, avec glace et
tablette de marbre blanc.

61 — Commode Louis XVI, en acajou, à moulures
de cuivre. Dessus de marbre blanc.

62 — Bureau à la Tronchin, en acajou, à moulures de cuivre.

63 — Secrétaire, en acajou, à moulures et galerie de cuivre. Époque Louis XVI.

64 — Commode Louis XVI, en acajou, à moulures et galerie de cuivre. Dessus de marbre blanc.

65 — Secrétaire-chiffonnier Louis XVI, en acajou, à moulures de cuivre.

66 — Toilette Louis XVI, en acajou, à pieds fuselés cannelés, glace à l'intérieur et tablette de marbre blanc.

67 — Commode Louis XV, à deux tiroirs, pieds élevés, en bois sculpté à palmiers et ornements rocaille, peinte en blanc et garnie de bronzes. Dessus de marbre.

68 — Commode analogue à la précédente.

69 — Petit chiffonnier Louis XVI, en acajou, à six tiroirs. Dessus de marbre, avec galerie en cuivre.

70 — Toilette à coiffer, de l'époque Louis XVI, en acajou, à pieds carrés fuselés.

71 — Secrétaire Louis XVI, en acajou, à angles coupés et cannelés. Dessus de marbre blanc.

72 — Console Louis XVI, en acajou, à moulures de
cuivre. Dessus de marbre blanc et galerie.

73 — Petit bureau plat Louis XV, à pieds cambrés,
et tiroir sur le côté, en bois satiné.

74 — Bureau plat Louis XVI, en acajou, à filets de
cuivre.

75 — Commode Louis XIV, à trois rangs de tiroirs,
en placage de bois de violette et satiné, garnie
de bronzes. Dessus de marbre.

76 — Commode Régence, à contours, en marqueterie de bois de placage, à garnitures de cuivre
et garnie de bronzes.

77 — Chiffonnier Louis XVI, à sept tiroirs, en bois
satiné, marqueté à filets, garni d'anneaux en
bronze. Dessus de marbre.

78 — Bureau plat Louis XV, en bois de placage,
garni de bronzes. Dessus de drap rouge.

79 — Table de tric-trac Louis XV, en bois de placage, garni de bronzes, munie de deux tiroirs
sur les côtés.

80 — Table de bouillotte, de l'époque Louis XVI,
en acajou, garnie de moulures de cuivre.

81 — Guéridon Louis XVI en acajou; dessus de
marbre, avec galerie de cuivre.

82 — Secrétaire Louis XVI, en acajou, montants cannelés. le haut et le bas ouvrent à deux portes
qui, ainsi que l'abattant, sont garnis de ba-
guettes de cuivre.

83 — Table-servante, de l'époque Louis XVI, en
acajou, à quatre pieds carrés fuselés, cannelés
et mobiles; le dessus se divise en trois tablettes
ou volets, elle est ornée de rosaces et d'anneaux
sur le pourtour, qui contient deux tiroirs sur la
face et deux sur les côtés.

84 — Commode Régence, à contours, en bois de
placage, ornée de bronzes rocaille. Dessus de
marbre.

85 — Chiffonnier Louis XVI, à sept tiroirs, pans
coupés et cannelés, garnis de chutes d'anneaux
et d'entrées de serrures en bronze. Dessus de
marbre.

86 — Petit bureau de dame, de l'époque Louis XV,
de forme contournée, à pieds cambrés et ouvrant à abattant, en marqueterie de bois de violette et satiné.

87 — Bibliothèque, de l'époque Louis XIV, ouvrant
à deux portes grillagées sur le devant et à deux
autres portes pleines sur les côtés contournés,
en placage de bois de palissandre, marqueté à
grands lossanges. Elle est garnie de moulures
de cuivre et de divers ornements de bronze ;
motifs à figures, mascarons, entrelacs, écoin-
çons et rosaces.

88 — Petit secrétaire, de l'époque Louis XVI, en
bois de rose et marqueterie, il offre sur l'abattant et sur la porte inférieure deux sujets de
deux figures : le Chien savant et le Singe musi-
cien, avec encadrement à damier, ainsi que sur
les côtés à contours. Bronzes rapportés. Dessus
de marbre.

Haut., 1 m. 26 cent.; larg., 85 cent.; épaiss., 40 cent.

89 — Très grand et beau bureau à cylindre, de
l'époque Louis XVI, en marqueterie de bois de
rose, d'érable et satiné, et garni de bronzes. Il
offre sur toutes faces des réseaux de quadril-
lages encadrés de filets et de grecques : sur le
cylindre, un médaillon à trophée d'attributs des
sciences et des arts, et un large encadrement
composé d'un enroulement de feuillages se
trouvant répété sur la partie supérieure : celle-ci
est à gorge et contient deux tiroirs. Il est enri-
chi de chutes et d'anneaux en bronze ciselé, de
rubans et de draperies sur les angles, le dessus
est entouré d'une galerie de cuivre.

Haut., 1 m. 32 cent.; larg., 1 m. 90 cent.; épaiss., 1 m. 05 cent.

TABLEAU

SIXC (Le Chevalier)

90 — *Le Déjeuner des chasseurs.*

Huit chasseurs, personnages de distinction, sont groupés sur la lisière d'un bois, à droite, et partagent un déjeuner posé à terre. Trois sont debout, les autres assis à terre ou sur un tertre ; à gauche, la plaine. Au bas, à gauche, on lit : *Peint par le Chevalier Sixc en 1738.*

Très beau cadre Régence en bois sculpté et doré.

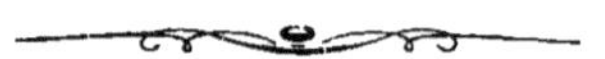